el color de nuestro amor

Amanda Negrete

"El Color de Nuestro Amor"

¡Bienvenidos a la presentación de **"El Color de Nuestro Amor"**! Obra literaria que encaja perfectamente en el género **Novela Dramática Romántica** basada en hechos reales en donde su contenido nos sumerge en una emocionante historia de amor y lucha por la igualdad en un mundo lleno de prejuicios y adversidades.

En este cautivador relato, seguimos la vida de Ana y María, dos mujeres valientes y talentosas que desafían las normas de la sociedad y luchan por el derecho a amar libremente. Ambientada en una época en la que el amor entre personas del mismo sexo era tabú, esta historia nos lleva en un viaje de descubrimiento, valentía y determinación.

Desde el primer capítulo, nos sumergimos en el mundo interior de Ana y María, explorando sus emociones más profundas y sus luchas personales mientras navegan por una sociedad que a menudo las rechaza. A medida que la historia avanza, nos encontramos con momentos de alegría y celebración, así como desafíos y obstáculos que ponen a prueba su amor y su determinación.

"El Color de Nuestro Amor" es mucho más que una historia de romance; es un testimonio del poder del amor para superar todas las barreras y prejuicios. A través de las experiencias de Ana y María, exploramos temas universales de aceptación, igualdad y respeto por la diversidad.

Esta obra literaria es una invitación a reflexionar sobre nuestras propias actitudes hacia el amor y la diversidad, y nos recuerda la importancia de luchar por un mundo donde todos puedan amar y ser amados sin miedo ni discriminación.

Estoy emocionada de compartir esta historia con ustedes y espero que les inspire tanto como me ha inspirado a mí. ¡Disfruten de la lectura y que "El Color de Nuestro Amor" ilumine sus corazones!

¡Gracias por unirse a mí en esta presentación y por apoyar la diversidad y la inclusión en todas sus formas!

Dedicatoria

"Para mi querida Angela Victoria,

En el viaje de la vida, has sido mi compañera más preciada, mi fuente de alegría y mi razón para ser mejor cada día. Desde el momento en que llegaste a este mundo, llenaste mis días y soledad con luz y amor incondicional.

Hoy, al mirar hacia atrás, veo cada momento compartido, cada risa, cada lágrima y cada victoria que hemos celebrado juntas. Tu bondad, tu inteligencia y tu fortaleza han sido inspiradoras y han dejado una huella indeleble en mi corazón.

Que este libro sea un pequeño tributo a la mujer increíble que eres: una combinación perfecta de gracia y valentía. Que encuentres en sus páginas el mismo amor y apoyo que siempre te he brindado, recordándote lo orgullosa que estoy de la persona en la que te has convertido.

Que la vida te brinde siempre razones para sonreír y sueños por los que luchar. Siempre estaré aquí para ti, mi amada hija, en cada paso del camino.

Con todo mi amor y admiración, mamá "

Agradecimiento

"Quiero expresar mi más sincero agradecimiento a la comunidad LGBT, cuyo amor, valentía y lucha por la igualdad han inspirado este libro. Vuestras historias, vuestras voces y vuestras experiencias son una parte fundamental de nuestra sociedad y merecen ser celebradas y honradas.

A través de estas páginas, espero ofrecer un pequeño tributo a la diversidad y al amor en todas sus formas. Que este libro sea un espacio seguro y acogedor donde todos puedan encontrar consuelo, esperanza y un reflejo de su propia vida.

Gracias por enseñarnos el verdadero significado del amor incondicional y la inclusión. Que vuestro legado de resistencia y orgullo continúe iluminando el camino hacia un mundo más justo y compasivo para todos.

Con gratitud y respeto, *Amanda Negrete Lares*"

Reseña de la Autora

Amanda Negrete Lares es una escritora comprometida y apasionada cuyas obras destacan por su profundidad emocional y su capacidad para abordar temas relevantes y significativos. En su obra más reciente, "El Color de Nuestro Amor", Amanda nos lleva en un viaje emocionante y conmovedor a través de la vida de Ana y María, dos mujeres valientes que desafían las normas de una sociedad llena de prejuicios y discriminación.

Con una obra literaria emotiva y poderosa, Amanda nos sumerge en las complejidades del amor y la lucha por la igualdad en un mundo que a menudo parece estar en contra de ambos. A través de la historia de Ana y María, Amanda nos invita a reflexionar sobre la importancia del amor y la aceptación en nuestras vidas, así como sobre la necesidad de luchar por un mundo más inclusivo y compasivo para todos.

Además de su talento como escritora, Amanda es una defensora apasionada de los derechos humanos y la igualdad de género. A través de su trabajo literario y su activismo social, busca crear conciencia sobre las injusticias que enfrentan las comunidades marginadas y promover un cambio positivo en la sociedad.

En resumen, Amanda Negrete Lares es una voz importante en el panorama literario contemporáneo, cuyas obras nos inspiran a reflexionar sobre temas importantes y nos invitan a imaginar un mundo más justo y equitativo para todos.

Introducción

Los Matices del Corazón

En un mundo donde el amor se expresa en una paleta infinita de colores, dos almas se encuentran entrelazadas en una historia que desafía las convenciones y trasciende las barreras del tiempo y el espacio. Esta es la historia de Ana y María, cuyo amor destella con los matices más vibrantes y radiantes, como un lienzo que cobra vida ante nuestros ojos. Ana, con sus ojos que brillan como zafiros bajo la luz de la luna, y María, con su sonrisa que ilumina incluso los días más oscuros, son dos mujeres cuyos destinos se entrelazan de manera inevitable. En un mundo donde el amor entre personas del mismo sexo a menudo es cuestionado y desafiado, ellas han encontrado en sus corazones un refugio donde pueden ser ellas mismas, sin miedo ni inhibiciones.

En "El Color de Nuestro Amor", te invitamos a sumergirte en la historia de Ana y María, dos almas valientes que desafían al mundo con su amor inquebrantable. Acompáñalas en su viaje de autodescubrimiento, amor y aceptación, mientras enfrentan los desafíos y los obstáculos que se interponen en su camino.

 Esta no es solo la historia de Ana y María, sino también la historia de todos aquellos que han amado y han sido amados, sin importar las etiquetas o los prejuicios que el mundo pueda imponer.

Es una historia de esperanza, de coraje y de la belleza de amar sin límites ni condiciones. Adéntrate en este viaje emocionante y conmovedor, donde descubrirás que el amor verdadero no conoce fronteras ni limitaciones, y que, en los matices del corazón, encontramos la verdadera esencia de la vida.

Bienvenidos a "El Color de Nuestro Amor", donde cada página está impregnada con la magia y la fuerza del amor verdadero.

Contenido

Capítulo 1: La Rutina de Ana y María

En este capítulo, presentamos a Ana y María, dos mujeres que viven en una época en la que el machismo y los prejuicios sociales dominan la sociedad. Describimos sus vidas como amas de casa, sus rutinas diarias y la soledad que experimentan mientras sus esposos pasan tiempo en cantinas y prostíbulos.

Capítulo 2: Los Anhelos Ocultos

Exploramos los anhelos y deseos secretos de Ana y María, que se ven obligadas a vivir en silencio debido al machismo y la represión social. Revelamos cómo se sienten atrapadas en un matrimonio infeliz y cómo anhelan una conexión verdadera y auténtica en sus vidas.

Capítulo 3: Encuentro Fortuito

En este capítulo, describimos el encuentro fortuito entre Ana y María en una situación inesperada. A pesar de sus diferencias sociales y culturales, sienten una conexión instantánea y una chispa de atracción que las toma por sorpresa.

Capítulo 4: Amor Prohibido

Ana y María luchan con sus sentimientos encontrados mientras enfrentan la realidad de su amor prohibido en una sociedad que no acepta su relación. Describimos cómo navegan los desafíos de la discriminación y el rechazo, mientras luchan por mantener viva su conexión en secreto.

Capítulo 5: El Rol de la Iglesia

En este capítulo, exploramos el impacto de la iglesia en la vida de Ana y María, quienes se ven obligadas a esconder su amor debido a las enseñanzas conservadoras y moralistas que promueve la institución religiosa. Analizamos cómo estas creencias afectan su autoaceptación y su capacidad para vivir auténticamente.

Capítulo 6: La Lucha por la Libertad

Ana y María se enfrentan a una decisión difícil mientras luchan por su libertad y su derecho a amar libremente. Describimos cómo enfrentan sus miedos y dudas internas, y cómo encuentran la fuerza para desafiar las expectativas de la sociedad y seguir sus corazones.

Capítulo 7: El Color de Nuestro Amor

En el clímax de la historia, Ana y María finalmente se liberan de las cadenas del pasado y se entregan por completo a su amor el uno por el otro. Describimos el momento en el que se atreven a ser ellas mismas, sin importar las consecuencias, y encuentran la felicidad y la plenitud en su amor mutuo.

Capítulo 8: El Camino hacia la Felicidad

En el epílogo, exploramos el camino de Ana y María hacia la felicidad y la realización personal mientras construyen una vida juntas en un mundo que finalmente comienza a aceptar y celebrar la diversidad. Describimos cómo encuentran la fuerza en su amor mutuo para enfrentar cualquier desafío que el futuro pueda traer.

Capítulo 9: Más Allá de los Prejuicios

En este capítulo, exploramos la verdadera esencia de Ana y María como seres humanos, destacando su fuerza, su coraje y su capacidad para inspirar a otros a través de su ejemplo. A medida que la historia avanza, nos sumergimos en el mundo interior de estas dos mujeres, explorando su lucha por la aceptación y el reconocimiento en un mundo que a menudo las subestimaba y las menospreciaba.

Capítulo 10: Sembrando Semillas de Cambio

Puntos clave de este capítulo:

1. **Sembrando semillas de cambio**: Ana y María deciden dedicar su energía y recursos a hacer una diferencia en el mundo que las rodea. Esta decisión surge del profundo deseo de contribuir a la construcción de un futuro más inclusivo y compasivo.
2. **Trabajo con organizaciones locales**: Comienzan colaborando con organizaciones locales que abogan por los derechos LGBTQ+ y la igualdad de género. A través de su participación activa en estas organizaciones, buscan impulsar iniciativas de cambio social y promover la aceptación y la diversidad.

3. **Apoyo a jóvenes LGBTQ+**: Una de sus principales áreas de enfoque es trabajar con jóvenes LGBTQ+, proporcionándoles un espacio seguro donde puedan expresarse libremente y recibir apoyo y orientación. Esto lo hacen a través de programas de mentoría, grupos de apoyo y actividades educativas diseñadas para fortalecer a los jóvenes y ayudarles a enfrentar los desafíos que enfrentan.
4. **Defensa de los derechos LGBTQ+**: Ana y María también se comprometen a defender los derechos de las personas LGBTQ+ en todos los ámbitos de la sociedad. Esto implica abogar por leyes y políticas inclusivas, trabajar con legisladores y líderes comunitarios, y enfrentar la discriminación en todas sus formas.
5. **Promoción de la inclusión en la vida cotidiana**: Además de su trabajo a nivel institucional, Ana y María buscan promover la inclusión y el respeto mutuo en su vida diaria. Lo hacen a través de pequeños actos de bondad y conversaciones significativas con amigos y familiares, reconociendo que el cambio comienza en el corazón de cada individuo.

En resumen, el Capítulo 10 muestra cómo Ana y María se comprometen activamente a ser agentes de cambio en su comunidad y en el mundo en general, utilizando su amor y su dedicación como impulsores para construir un futuro más justo, inclusivo y amoroso para todos.

Capsulitas de amor

"Capsulitas de Amor" es una sección al final del libro que ofrece reflexiones breves sobre valores como la no discriminación, el respeto y el amor hacia todos. Estas "capsulitas" invitan al lector a reflexionar sobre cómo podemos construir un mundo más inclusivo y compasivo.

El color de nuestro amor

Autora: Amanda Negrete Lares

Capítulo 1: La Rutina de Ana y María

En el tranquilo barrio de San Martín, donde las calles empedradas se entrelazaban como un laberinto antiguo, Ana y María llevaban vidas marcadas por la monotonía y el tedio. Cada mañana, cuando el sol despuntaba en el horizonte, Ana se levantaba temprano para preparar el desayuno y enviar a sus hijos a la escuela. Mientras tanto, María se sumergía en la rutina de la limpieza del hogar y la preparación de la comida para su esposo. La vida en el hogar de Ana y María estaba marcada por un silencio opresivo, interrumpido solo por el chirriar de las puertas y el murmullo lejano de la vida en la calle. Sus esposos, ausentes la mayor parte del tiempo, se perdían en los oscuros callejones de la ciudad, dejando a Ana y María solas con sus pensamientos y sus sueños truncados.

Ana, una mujer de espíritu libre y creativo, anhelaba escapar de las cuatro paredes de su hogar y explorar el mundo exterior. Sus manos, ágiles y talentosas, ansiaban la sensación de la arcilla entre los dedos y el trazo de un pincel sobre lienzo. Sin embargo, su talento y su pasión eran reprimidos por las expectativas de género de la sociedad, que la veía como una simple ama de casa sin ambiciones propias. María, por otro lado, había aceptado su destino con resignación, encontrando consuelo en la rutina diaria y las tareas domésticas. Aunque su corazón anhelaba algo más, se había resignado a vivir una vida de conformidad y sumisión, temiendo las represalias de su esposo si osaba desafiar las normas establecidas.

En el tranquilo hogar de Ana y María, el tiempo parecía detenerse, como si el mundo exterior fuera una ilusión distante y efímera. Sin embargo, bajo la aparente calma, bullían emociones reprimidas y deseos no expresados, esperando el momento oportuno para salir a la luz y desafiar las convenciones sociales. En el tranquilo hogar de Ana y María, el tiempo parecía detenerse, como si el mundo exterior fuera una ilusión distante y efímera. El ritmo monótono de las tareas domésticas y las conversaciones triviales llenaban los días, creando una sensación de estancamiento que pesaba sobre ellas como una losa.

En la cocina, Ana se movía con una gracia mecánica, preparando las comidas del día con manos expertas pero ausentes. Sus pensamientos vagaban lejos de las tareas mundanas, perdidos en un laberinto de sueños y deseos que apenas se atrevía a reconocer. Mientras pelaba las patatas o removía la sopa en la olla, anhelaba la libertad de expresar su verdadero yo y encontrar un propósito más profundo en la vida. María, por su parte, encontraba consuelo en las pequeñas alegrías que la rutina diaria tenía para ofrecer. Mientras hacía la cama o tendía la ropa en el patio trasero, permitía que su mente divagara hacia un lugar de esperanza y posibilidades. Soñaba con un mundo donde el amor no conociera límites ni barreras, donde pudiera ser libre de expresar su verdadera naturaleza sin miedo al rechazo o la condena. En medio de la tranquilidad aparente del hogar, bullían emociones reprimidas y deseos no expresados, esperando el momento oportuno para salir a la luz y desafiar las convenciones sociales. En cada suspiro contenido y cada mirada furtiva, se escondía la promesa de un cambio radical, de una transformación que podría liberarlas de las cadenas del conformismo y llevarlas hacia un destino más auténtico y satisfactorio. Pero por ahora, Ana y María continuaban su danza cotidiana, atrapadas en un ciclo interminable de deberes y responsabilidades. Aunque el futuro era incierto y los desafíos parecían insuperables, se aferraban a la esperanza de que algún día encontrarían la fuerza y la valentía para romper las cadenas que las ataban y buscar la felicidad que tanto anhelaban. Mientras el sol ascendía en el horizonte, envolviendo el tranquilo barrio de San Martín en una cálida luz dorada, Ana y María se sumergían en las tareas monótonas de su vida diaria. El aroma del café recién hecho llenaba la cocina de Ana mientras preparaba el desayuno para sus hijos, quienes, ajeno al peso que sus madres llevaban sobre sus hombros, se preparaban para otro día en la escuela.

Mientras tanto, en la casa de al lado, María se movía con gracia entre las habitaciones, realizando las tareas domésticas con una precisión meticulosa. Cada barrido del trapeador y cada plato lavado eran un recordatorio constante de las expectativas que la sociedad había impuesto sobre ella como mujer y esposa. A medida que el día avanzaba, el silencio opresivo que envolvía el hogar de Ana y María se hacía más palpable, como una manta pesada que sofocaba cualquier intento de expresión o individualidad. A pesar de sus esfuerzos por mantener una fachada de normalidad, ambas mujeres se sentían atrapadas en una jaula invisible, anhelando la libertad que parecía estar siempre fuera de su alcance.

Para Ana, la rutina diaria era un recordatorio constante de los sueños que había sacrificado en el altar de la conformidad. Cada plato lavado y cada almuerzo preparado eran como cadenas que la ataban a una vida que no la llenaba, dejándola, anhelando algo más, algo que le diera un sentido de propósito y realización. María, por otro lado, había aprendido a conformarse con las migajas de felicidad que la vida le ofrecía, encontrando consuelo en las pequeñas alegrías que la rutina diaria tenía para ofrecer. Aunque su corazón anhelaba la libertad y la autenticidad, temía las consecuencias de

El color de nuestro amor **Autora:** Amanda Negrete Lares

desafiar las normas establecidas y prefería conformarse con una vida de apariencias y falsas sonrisas.

En el tranquilo hogar de Ana y María, el tiempo parecía detenerse, como si el mundo exterior fuera una ilusión distante y efímera. Cada día se deslizaba hacia el siguiente en un ciclo interminable de deberes y responsabilidades, dejando a Ana y María atrapadas en un bucle de monotonía y tedio que parecía no tener fin. Pero a pesar de la aparente calma que reinaba en su hogar, bajo la superficie bullían emociones reprimidas y deseos no expresados, esperando el momento oportuno para salir a la luz y desafiar las convenciones sociales que las mantenían cautivas. En cada suspiro contenido y cada mirada furtiva, se escondía la promesa de un cambio radical, de una transformación que podría liberarlas de las cadenas del conformismo y llevarlas hacia un destino más auténtico y satisfactorio. En este tranquilo barrio de San Martín, donde las calles empedradas se entrelazaban como un laberinto antiguo, Ana y María llevaban vidas marcadas por la monotonía y el tedio. Pero en lo más profundo de sus corazones, sabían que su historia estaba lejos de terminar y que el destino les tenía preparada una sorpresa que cambiaría sus vidas para siempre. A medida que el sol alcanzaba su cenit en el cielo y la tarde se deslizaba lentamente hacia la noche, Ana y María continuaban sus quehaceres en sus respectivos hogares. El sonido de los niños jugando en la calle resonaba en el aire, recordándoles el paso implacable del tiempo y la fugacidad de la juventud. Para Ana, cada momento era una oportunidad perdida, una ocasión desperdiciada para perseguir sus sueños y alcanzar la felicidad que tanto anhelaba. Mientras doblaba la ropa recién lavada y arreglaba la mesa para la cena, su mente vagaba hacia un lugar de fantasía y deseo, donde podía ser libre de expresar su verdadero yo sin miedo al juicio o la condena.

María, por otro lado, encontraba consuelo en la rutina diaria y las pequeñas alegrías que la vida le ofrecía. Mientras preparaba la cena para su esposo y atendía las necesidades de sus hijos, se permitía soñar con un mundo donde el amor no conociera límites ni barreras, donde pudiera ser libre de amar y ser amada sin restricciones. Con cada día que pasaba, Ana y María se aferraban a la esperanza de un futuro mejor, donde pudieran ser libres de ser ellas mismas y perseguir sus sueños sin restricciones ni limitaciones. Y aunque el camino hacia la libertad era incierto y plagado de obstáculos, estaban decididas a enfrentarlos juntas, con valentía y determinación.

Capítulo 2: Los Anhelos Ocultos

En el silencio de la noche, cuando las sombras se alargaban y la ciudad se sumía en un profundo letargo, Ana y María se encontraban solas con sus pensamientos más íntimos y sus sueños más secretos. Ana, con el corazón lleno de inquietud y anhelo, se refugiaba en su pequeño rincón de arte, donde las sombras danzaban en las paredes y el aroma de la pintura llenaba el aire. Con cada pincelada, buscaba escapar de las limitaciones impuestas por la sociedad, anhelando la libertad de expresar su verdadero ser sin miedo al juicio de los demás. En cada trazo, encontraba un destello de esperanza y una promesa de un futuro más brillante. María, por otro lado, se sumía en la rutina diaria con resignación, pero su corazón latía con deseos no expresados y pasiones ocultas. En los momentos de soledad, permitía que su mente vagara hacia un mundo donde las reglas y las expectativas no existían, donde podía ser ella misma sin temor al rechazo. En esos momentos de fugaz libertad, María se permitía soñar con una vida diferente, una vida donde su amor y sus deseos más profundos fueran aceptados y celebrados.

A medida que la noche avanzaba y las estrellas brillaban en el cielo oscuro, Ana y María encontraban consuelo en la complicidad silenciosa que compartían. En esos momentos de intimidad, se atrevían a compartir sus anhelos más profundos y sus sueños más salvajes, encontrando en el otro un refugio seguro en un mundo que parecía estar en su contra. Mientras las noches se deslizaban lentamente sobre el tranquilo pueblo, Ana y María se encontraban atrapadas en un torbellino de emociones y deseos que apenas se atrevían a reconocer. En la oscuridad de sus habitaciones, se enfrentaban a sus anhelos más profundos y secretos más oscuros, luchando por encontrar el coraje para dar voz a sus verdaderos deseos.

Ana, con el corazón lleno de dudas y temores, se preguntaba si alguna vez tendría el valor de seguir su corazón y buscar la felicidad que tanto anhelaba. Aunque su amor por María quemaba dentro de ella como una llama eterna, se sentía paralizada por el miedo al rechazo y la condena de aquellos que no entenderían su amor prohibido. María, por otro lado, se debatía entre el deseo de liberarse de las cadenas que la ataban y el temor a perder todo lo que había conocido y amado. Aunque su corazón anhelaba la libertad de amar sin restricciones, se encontraba atrapada entre el deber y la lealtad hacia su familia y las expectativas impuestas por la sociedad conservadora en la que vivían.

En medio de sus luchas internas, Ana y María encontraban consuelo en los momentos robados de intimidad que compartían en secreto. En la

El color de nuestro amor

Autora: Amanda Negrete Lares

penumbra de la noche, se entregaban el uno al otro con una pasión ardiente y un deseo desenfrenado, buscando refugio en los brazos del otro y escapando de las restricciones del mundo exterior. Sin embargo, a medida que su amor florecía en la oscuridad, también lo hacía su temor de ser descubiertas. Cada mirada furtiva y cada susurro suscitaba el miedo de ser expuestas y enfrentar las consecuencias de su amor prohibido. La presión de ocultar su relación se volvía cada vez más sofocante, amenazando con ahogar su amor antes de que tuviera la oportunidad de florecer plenamente. Pero a pesar de los obstáculos, su vínculo solo se fortalecía con el tiempo. Cada encuentro secreto, cada roce furtivo de manos, solo servía para alimentar el fuego de su pasión. Se aferraban a esos momentos robados con desesperación, sabiendo que cada uno podría ser el último. Sin embargo, el peso de sus secretos comenzaba a desgastarlas. No podían evitar preguntarse si valía la pena el riesgo, si algún día podrían vivir su amor abiertamente sin miedo ni recriminaciones. Pero cada vez que se acercaban a la idea de renunciar, el recuerdo del calor de los brazos de la otra las detenía. Así que continuaron su danza peligrosa entre la clandestinidad y la pasión, esperando en silencio el día en que el mundo les permitiera amarse sin restricciones. Mientras tanto, sus anhelos ocultos seguían ardiendo en lo más profundo de sus corazones, alimentando la esperanza de un futuro donde su amor

Una noche, mientras se refugiaban en los brazos una de la otra, Ana rompió el silencio con un susurro cargado de incertidumbre. "María, ¿alguna vez crees que podremos ser libres de verdad? ¿Que podremos amarnos sin tener que escondernos?" María acarició suavemente el rostro de Ana, buscando las palabras adecuadas para consolarla. "Querida, quiero creer que sí. Quiero creer que hay un futuro donde nuestro amor no tenga que vivir en las sombras. Pero mientras tanto, debemos ser pacientes y cuidadosas. No podemos arriesgarlo todo sin tener un plan."

Ana asintió, pero el peso de la incertidumbre seguía pesando sobre ellas. Sabían que debían encontrar una salida, una manera de vivir su amor sin miedo. Pero el camino hacia esa libertad parecía estar bloqueado por obstáculos insuperables.

Decidieron buscar consejo en aquellos en quienes confiaban, personas que podrían comprender su lucha y ofrecer orientación. Juntas trazaron un plan, un camino hacia la libertad que requeriría valentía y sacrificio, pero que valdría la pena si significaba poder amarse sin restricciones. Con corazones decididos y manos entrelazadas, Ana y María se embarcaron en el viaje hacia su libertad, sin saber qué les depararía el futuro, pero seguras de que juntas podrían superar cualquier desafío que se interpusiera en su camino.

A medida que avanzaban en su viaje hacia la libertad, Ana y María enfrentaron desafíos que pusieron a prueba su determinación y su amor. Se encontraron con miradas de desaprobación y susurros de juicio a medida que su relación se volvía más pública. Sin embargo, en lugar de retroceder, se aferraron más fuerte el uno al otro, encontrando fuerza en su unión y en la certeza de que estaban luchando por algo valioso: su derecho a amarse libremente. Con el apoyo de amigos y aliados, comenzaron a hacer pequeños cambios en sus vidas para crear un espacio donde pudieran ser ellas mismas sin miedo al rechazo. Se negaron a esconderse más y en su lugar, se enfrentaron a la intolerancia con valentía y dignidad. Poco a poco, su valentía inspiró a otros a hacer lo mismo, creando una red de apoyo y solidaridad que les dio fuerzas para seguir adelante incluso en los momentos más difíciles. Juntas, Ana y María se convirtieron en símbolos de amor y resistencia, demostrando al mundo que el verdadero amor no conoce barreras ni prejuicios.

Finalmente, llegó el día en que pudieron declarar su amor abiertamente, sin miedo ni reservas. En medio de una comunidad que finalmente había aprendido a aceptar y celebrar la diversidad, Ana y María se tomaron de la mano y caminaron con orgullo hacia un futuro donde su amor brillaba tan brillantemente como el sol. Y aunque su viaje hacia la libertad había sido largo y difícil, sabían que cada obstáculo superado había valido la pena, porque habían encontrado el amor verdadero y habían luchado por él con todas sus fuerzas. Juntas, Ana y María escribieron un nuevo capítulo en la historia del amor, uno que demostraba que, incluso en las circunstancias más adversas, el amor siempre triunfa.

El color de nuestro amor **Autora:** Amanda Negrete Lares

Capítulo 3: Encuentro Fortuito

Una tarde de primavera, cuando el aire estaba cargado de promesas y los rayos del sol se filtraban a través de las cortinas entreabiertas, Ana y María se encontraron en un encuentro fortuito que cambiaría el rumbo de sus vidas para siempre. Ana había salido a dar un paseo por el barrio, buscando inspiración para sus pinturas y un respiro del encierro de su hogar. Mientras caminaba por las calles empedradas, su mirada se detuvo en una pequeña cafetería en la esquina, donde una figura familiar captó su atención. María, que había salido a comprar provisiones en el mercado cercano, decidió hacer una pausa en su camino y refugiarse en la calidez de la cafetería. Mientras saboreaba su café, su mirada se encontró con la de Ana en una mirada que parecía detener el tiempo.

El encuentro fue breve pero significativo, lleno de una tensión palpable y una conexión instantánea que ninguno de los dos pudo ignorar. En ese fugaz instante, Ana y María se reconocieron el uno al otro como almas afines, unidas por un vínculo invisible que desafiaba todas las convenciones sociales y las expectativas impuestas por la sociedad. A medida que compartían unas pocas palabras y sonrisas tímidas, Ana y María se dieron cuenta de que habían encontrado algo especial en el otro, algo que trascendía las barreras del tiempo y el espacio. En ese pequeño café en la esquina, en medio de la bulliciosa ciudad, nació una conexión que cambiaría el curso de sus vidas para siempre.

Después de su encuentro fortuito en la cafetería, Ana y María se encontraban atrapadas en un torbellino de emociones que las consumía desde adentro. Cada pensamiento, cada suspiro, estaba impregnado del recuerdo de aquel encuentro, y la sensación de sus manos tocándose seguía vibrando en cada fibra de su ser. Para Ana, el encuentro había sido como una revelación, un destello de luz en medio de la oscuridad que había dominado su vida durante tanto tiempo. La presencia de María la había llenado de una sensación de calma y serenidad que nunca había experimentado antes, y anhelaba desesperadamente volver a sentir esa conexión una vez más. María, por su parte, se encontraba igualmente hechizada por el encuentro. La suavidad de la voz de Ana, la calidez de su sonrisa, habían dejado una marca indeleble en su corazón, y no podía sacarla de su mente. A pesar de sus dudas y temores, sabía que había encontrado algo especial en Ana, algo que no podía ignorar ni negar.

A medida que los días pasaban, Ana y María se encontraban cada vez más obsesionadas el uno con el otro, incapaces de escapar del magnetismo que

El color de nuestro amor   **Autora:** Amanda Negrete Lares

los unía. Se enviaban mensajes a escondidas, se encontraban en lugares secretos, compartían risas y confidencias como dos adolescentes enamoradas, aunque sabían que su amor era prohibido y peligroso. Pero a medida que su relación se intensificaba, también lo hacían los riesgos. Cada encuentro secreto aumentaba la posibilidad de ser descubiertas, de enfrentar la ira y el rechazo de aquellos que no entenderían su amor. Sin embargo, el deseo de estar juntas era más fuerte que el miedo, y Ana y María estaban dispuestas a arriesgarlo todo por un solo momento más en los brazos del otro.

En una tarde soleada, mientras caminaban por las calles adoquinadas de su pequeño pueblo, Ana y María se encontraron con un encuentro fortuito que cambiaría el curso de sus vidas. Mientras pasaban frente a una librería, un libro cayó de una mesa cercana, atrayendo su atención. Con gestos rápidos y una sonrisa nerviosa, se agacharon para recoger el libro y se encontraron con los ojos de una mujer que las observaba con curiosidad desde el interior de la tienda. Sus corazones se aceleraron y por un momento, temieron ser descubiertas. Pero en lugar de rechazo, vieron una chispa de reconocimiento en los ojos de la mujer, como si compartiera un secreto similar al suyo. "Perdón por el accidente", murmuró la mujer con una sonrisa cómplice mientras tomaba el libro de sus manos. "Parece que tenemos buen gusto en literatura."

Ana y María intercambiaron miradas sorprendidas, preguntándose si esta mujer podría ser una aliada en su lucha por el amor. Con cautela, entablaron una conversación, compartiendo historias de sus vidas y sus sueños más profundos. Y a medida que hablaban, descubrieron que tenían más en común de lo que habían imaginado. La mujer resultó ser una escritora local que también había enfrentado la adversidad en su búsqueda del amor y la aceptación. Su valentía y su determinación inspiraron a Ana y María, quienes encontraron en ella una nueva fuente de fortaleza y esperanza. A partir de ese día, su encuentro fortuito se convirtió en una amistad profunda y significativa, una alianza que les recordaba que no estaban solas en su lucha. Juntas, compartieron risas y lágrimas, apoyándose mutuamente en los momentos más difíciles y celebrando los triunfos más pequeños.

Y aunque los desafíos aún estaban por delante, Ana, María y su nueva amiga sabían que mientras tuvieran el amor y el apoyo de los demás, podrían enfrentar cualquier obstáculo que se interpusiera en su camino hacia la libertad y la felicidad verdadera.

El color de nuestro amor

Autora: Amanda Negrete Lares

Con el tiempo, la amistad entre Ana, María y su nueva aliada se fortaleció, convirtiéndose en un refugio seguro en medio de las tormentas que enfrentaban en el mundo exterior. Juntas, compartían no solo sus alegrías y triunfos, sino también sus miedos y preocupaciones más profundos. A medida que se acercaban más, descubrieron que sus historias compartían similitudes sorprendentes, experiencias de lucha y resistencia que las unían en un lazo aún más fuerte. Se convirtieron en un equipo, enfrentando los desafíos con valentía y determinación, sabiendo que juntas podrían superar cualquier obstáculo que se interpusiera en su camino. La escritora local, cuyo nombre resultó ser Elena, se convirtió en una mentora para Ana y María, guiándolas con sabiduría y experiencia a medida que navegaban por las aguas turbulentas de la vida. Sus palabras de aliento y apoyo les dieron fuerzas para seguir adelante incluso en los momentos más oscuros. Juntas, exploraron nuevas formas de expresar su amor y su verdad al mundo, utilizando la escritura y el arte como herramientas de cambio y transformación. Se comprometieron a ser voces valientes en la lucha por la igualdad y la aceptación, inspirando a otros a seguir su ejemplo y a nunca rendirse en la búsqueda del amor y la libertad.

Y a medida que avanzaban en su viaje, Ana, María y Elena se dieron cuenta de que su encuentro fortuito no había sido simplemente una coincidencia, sino el comienzo de una extraordinaria aventura compartida. Unidos por el amor y la determinación, sabían que juntos podían cambiar el mundo y hacer que brillara con la luz del verdadero amor y la verdadera aceptación.

Capítulo 4: Amor Prohibido

Después de su encuentro fortuito en la cafetería, Ana y María se encontraron atrapadas en un torbellino de emociones que no podían ignorar. A medida que su conexión se intensificaba, también lo hacía su conciencia del peligro que representaba su amor prohibido en una sociedad que no aceptaba su relación. Ana, con el corazón lleno de temor y anhelo, luchaba por reconciliar sus sentimientos por María con las expectativas impuestas por su familia y la sociedad en la que vivían. Sabía que su amor por María era tan puro y verdadero como cualquier otro, pero temía las consecuencias de seguir su corazón en un mundo que no toleraba la diversidad. María, por otro lado, se debatía entre el deseo de estar con Ana y el miedo a enfrentarse a la desaprobación y el rechazo de aquellos que la rodeaban. Aunque su corazón anhelaba la libertad de amar sin restricciones, sabía que el precio de seguir sus deseos podría ser alto y estaba paralizada por la indecisión.

En medio de sus luchas internas, Ana y María encontraban consuelo en los momentos robados de intimidad que compartían en secreto. Se encontraban en lugares ocultos, lejos de las miradas curiosas y los oídos atentos, donde podían expresar libremente su amor el uno por el otro sin temor al juicio o la condena. Sin embargo, a medida que su amor florecía en la oscuridad, también lo hacía su temor de ser descubiertas. Cada mirada furtiva y cada susurro suscitaba el miedo de ser descubiertas y enfrentar las consecuencias de su amor prohibido.

Después de su encuentro fortuito en la cafetería, Ana y María se encontraron atrapadas en un torbellino de emociones que no podían ignorar. A medida que su conexión se intensificaba, también lo hacía su conciencia del peligro que representaba su amor prohibido en una sociedad que no aceptaba su relación. A pesar de los riesgos y las dificultades, Ana y María se aferraban desesperadamente a su amor prohibido, encontrando consuelo en los breves momentos de intimidad que compartían en secreto. Sin embargo, el peso de mantener su relación en la clandestinidad comenzaba a cobrar su precio.

Cada día se volvía más difícil mantener las apariencias y ocultar la verdad de quienes eran en realidad. Cada mirada furtiva y cada mentira pronunciada les pesaba en el alma, recordándoles constantemente el peligro que enfrentaban si su amor fuera descubierto. A medida que la presión aumentaba, Ana y María se encontraron atrapadas en un ciclo de miedo y ansiedad, preguntándose si algún día podrían liberarse de las cadenas que las mantenían prisioneras. Anhelaban la libertad de amarse sin

El color de nuestro amor

Autora: Amanda Negrete Lares

restricciones, pero el camino hacia esa libertad parecía más oscuro y angustiante que nunca.

Sus corazones ansiaban una salida, una manera de vivir su amor abiertamente sin temor al juicio o la condena. Pero mientras tanto, estaban atrapadas en un amor prohibido que amenazaba con consumirlas por completo si no encontraban una solución pronto. En medio de la oscuridad de su situación, una chispa de esperanza brillaba débilmente en sus corazones. Sabían que debían encontrar la fuerza y la determinación para luchar por su amor, incluso si eso significaba enfrentar desafíos aparentemente insuperables.

Con esa determinación ardiente ardiendo en sus almas, Ana y María se prepararon para enfrentar lo que fuera necesario para estar juntas, sabiendo que el camino hacia la libertad sería difícil, pero que valdría la pena cada obstáculo superado por el amor que compartían. Decidieron que era hora de tomar medidas audaces para cambiar su destino. Se sentaron juntas en la penumbra de la noche, compartiendo sus sueños y temores más profundos. Ana tomó la mano de María con determinación mientras hablaban sobre lo que debían hacer a continuación.

"María, sé que el camino que hemos elegido no es fácil", comenzó Ana con voz firme pero llena de emoción. "Pero no puedo soportar más el peso de este secreto. Necesitamos encontrar una manera de vivir nuestro amor sin miedo ni restricciones."

María asintió, sintiendo la misma urgencia en su corazón. "Tienes razón, Ana. No podemos seguir escondiéndonos. Pero ¿cómo podemos hacerlo? ¿Cómo podemos desafiar las normas y expectativas de nuestra sociedad?" Ana apretó con más fuerza la mano de María, encontrando fortaleza en su conexión mutua. "No lo sé con certeza, pero sé que debemos intentarlo. Debemos ser valientes y estar dispuestas a enfrentar cualquier desafío que se nos presente."

Con esa determinación ardiente ardiendo en sus corazones, Ana y María se prepararon para dar el siguiente paso en su viaje hacia la libertad. Sabían que el camino hacia el amor sin restricciones sería difícil y lleno de obstáculos, pero estaban decididas a luchar juntas por el derecho de amarse abierta y libremente.

Decidieron comenzar con pasos pequeños pero significativos. Ana y María se comprometieron a encontrar formas de expresar su amor de manera más abierta, sin dejar de ser conscientes de los riesgos que implicaba. Optaron por mostrarse más unidas en público, compartiendo gestos de cariño discretos pero significativos que transmitían la profundidad de su conexión. Al mismo tiempo, buscaron aliados dentro de su comunidad, personas que pudieran apoyar su causa y ayudarles a desafiar las normas restrictivas que las mantenían en la sombra. Encontraron apoyo en amigos cercanos y familiares comprensivos, así como en organizaciones locales que abogaban por la igualdad y la inclusión.

Sin embargo, el camino hacia la aceptación total estaba plagado de desafíos. Se enfrentaron a la oposición de aquellos que no entendían ni apoyaban su amor, enfrentando críticas y juicios injustos. Pero en lugar de dejarse desanimar, utilizaron esas adversidades como combustible para su determinación, fortaleciendo su vínculo y reafirmando su compromiso el uno con el otro. Con cada pequeña victoria, su confianza creció y su amor se hizo más fuerte. Se dieron cuenta de que, aunque el camino hacia la plena aceptación sería largo y difícil, estaban dispuestas a recorrerlo juntas, enfrentando cada desafío con valentía y esperanza en sus corazones. Y mientras continuaban su lucha por la libertad y la igualdad, Ana y María encontraron consuelo en el conocimiento de que estaban juntas, unidas por un amor que trascendía todas las barreras y desafíos. Juntas, enfrentaron el mundo con valentía y determinación, sabiendo que su amor era más fuerte que cualquier obstáculo que se interpusiera en su camino.

Capítulo 5: El Rol de la Iglesia

El tranquilo pueblo en el que Ana y María vivían estaba impregnado del peso de la tradición y la influencia de la iglesia local. Desde tiempos inmemoriales, la comunidad había sido guiada por las enseñanzas y los valores transmitidos por los líderes religiosos, quienes ejercían un control casi absoluto sobre la vida de sus fieles. Para Ana y María, la presencia omnipresente de la iglesia era una constante recordación de las expectativas y normas que la sociedad imponía sobre ellos. Las enseñanzas conservadoras y dogmáticas, que condenaban cualquier forma de amor que no se ajustara a sus estándares estrechos, pesaban sobre sus conciencias como una losa, amenazando con aplastar cualquier esperanza de felicidad que pudieran tener.

A pesar de las restricciones impuestas por la iglesia, Ana y María encontraban consuelo en su fe y en el refugio que les ofrecía en tiempos de necesidad. En medio de la oscuridad y la incertidumbre, buscaban la guía y el consuelo de su fe, rezando en silencio por la fuerza y la valentía para enfrentar los desafíos que se interponían en su camino. Sin embargo, a medida que su amor prohibido se volvía más evidente, también lo hacían las miradas de desaprobación y condena de aquellos que se consideraban guardianes de la moral y la rectitud. Los rumores y las insinuaciones se extendían como un reguero de pólvora, alimentando el fuego de la intolerancia y la discriminación en la comunidad. Para Ana y María, enfrentarse al juicio y la hostilidad de la iglesia era una prueba de su amor y su determinación de seguir sus corazones a pesar de las adversidades. Aunque sabían que su relación estaba condenada por aquellos que se aferraban a las tradiciones del pasado, se negaban a renunciar a su amor por miedo al rechazo y la condena de aquellos que no entendían su verdad.

La presencia de la iglesia en la vida de Ana y María se hacía cada vez más opresiva a medida que su amor prohibido se volvía más evidente para la comunidad. Los sermones de los líderes religiosos resonaban con condenas veladas y advertencias sobre los peligros del pecado y la desviación de la norma establecida, sembrando semillas de duda y culpa en las mentes de aquellos que escuchaban. Sin embargo, la influencia de la iglesia se extendía mucho más allá de los muros de la iglesia, infiltrándose en todos los aspectos de la vida cotidiana de Ana y María. Desde las miradas de desaprobación en el mercado hasta los murmullos de chismes en la plaza del pueblo, no había escapatoria del escrutinio implacable de aquellos que se consideraban guardianes de la moralidad y la decencia. Aunque se encontraron con resistencia y críticas, también encontraron aliados dentro de la misma comunidad religiosa. Personas que, como ellos, creían en un mensaje de amor y compasión por encima de todo. Juntos, trabajaron para promover una visión más inclusiva y amorosa de la fe, desafiando las interpretaciones restrictivas que habían perpetuado el rechazo hacia personas como Ana y María.

Poco a poco, comenzaron a ver cambios. La actitud de algunos miembros de la iglesia hacia ellos se suavizó, y empezaron a recibir muestras de apoyo y solidaridad de personas que antes habían sido críticas. Aunque aún quedaba mucho por hacer, Ana y María encontraron consuelo en el progreso que estaban logrando y en la esperanza de un futuro donde su amor fuera verdaderamente aceptado dentro de la comunidad religiosa. Con cada paso que daban en su lucha por la aceptación, Ana y María se fortalecían mutuamente, recordándose el amor y el compromiso que compartían. Sabían que, aunque el camino fuera difícil, valía la pena seguir luchando por un mundo donde todas las formas de amor fueran celebradas y aceptadas, incluso dentro de los muros de la iglesia.

Capítulo 6: La Lucha por la Libertad

Su determinación se convirtió en un faro de esperanza para muchos que luchaban por la libertad de amar sin restricciones. Inspirados por el coraje de Ana y María, otros comenzaron a levantarse y alzar sus voces en demanda de igualdad y justicia para todas las formas de amor. Juntos, organizaron manifestaciones pacíficas, firmaron peticiones y presionaron a los líderes políticos y comunitarios para que tomaran medidas concretas hacia la igualdad. No se detuvieron ante las críticas o la resistencia, sabiendo que estaban luchando por algo mucho más grande que ellas mismas: estaban luchando por un mundo donde el amor no conociera barreras ni prejuicios. A medida que su movimiento ganaba fuerza, también lo hacía la oposición. Grupos conservadores y aquellos arraigados en prejuicios ancestrales intentaron sofocar la creciente marea de cambio. Sin embargo, Ana y María, junto con sus seguidores, se mantuvieron firmes en su causa, recordando que la libertad y la igualdad eran derechos universales que debían ser defendidos con valentía y determinación.

Las calles se convirtieron en un campo de batalla simbólico, donde la lucha por la libertad de amar se libraba con pancartas, consignas y abrazos solidarios. Cada paso adelante estaba marcado por la resistencia, pero también por la esperanza de un futuro donde el amor triunfaría sobre el odio y la intolerancia. En medio del caos y la incertidumbre, Ana y María encontraron fuerzas el uno en el otro. Su amor se convirtió en un ancla en medio de la tormenta, recordándoles por qué estaban dispuestas a arriesgarlo todo por su causa. Con cada desafío que enfrentaban, su vínculo se fortalecía, demostrando que el amor verdadero era indestructible incluso en los momentos más difíciles. Y así, con determinación y coraje, Ana, María y todos aquellos que se unieron a su lucha continuaron avanzando hacia un mañana donde la libertad de amar sería una realidad para todos. Sabían que el camino no sería fácil, pero estaban dispuestos a enfrentar cualquier desafío con la esperanza de construir un mundo más inclusivo y compasivo para las generaciones venideras.

A medida que avanzaban en su lucha, Ana y María se encontraron con desafíos cada vez mayores. La oposición se volvía más feroz, con intentos de deslegitimar su movimiento y sembrar la discordia entre quienes apoyaban la igualdad de amor. Sin embargo, Ana y María se aferraban a su convicción de que estaban del lado correcto de la historia. No permitirían que la intolerancia y el odio socavaran su causa. En lugar de sucumbir al desaliento, redoblaron sus esfuerzos, buscando nuevas formas de amplificar su mensaje y conectar con aquellos que aún no habían sido tocados por la

El color de nuestro amor

Autora: Amanda Negrete Lares

llama de la libertad de amar. Con creatividad y determinación, organizaron eventos de concientización en comunidades locales, hablaron en escuelas y universidades, y utilizaron las redes sociales como plataforma para difundir su mensaje de igualdad. Cada acción, por pequeña que pareciera, contribuía a un cambio gradual pero significativo en la conciencia colectiva. Poco a poco, empezaron a ver los frutos de su trabajo. Más personas se unían a su causa, compartiendo historias de amor y resistencia que resonaban en corazones de todas partes. La sociedad comenzaba a cuestionar sus propias creencias arraigadas, abriendo sus mentes a la posibilidad de un mundo donde el amor fuera libre de restricciones y prejuicios.

A medida que el movimiento crecía, también lo hacía la presión sobre los líderes políticos y legislativos. Ana, María y sus compañeros no se conformaban con palabras vacías de apoyo, exigían acciones concretas. Firmaron peticiones, se reunieron con funcionarios gubernamentales y presionaron para que se promulgaran leyes que protegieran los derechos de todas las personas, independientemente de quién eligieran amar. Y, finalmente, después de años de lucha incansable, vieron el fruto de su trabajo. Las leyes empezaron a cambiar, garantizando la igualdad de derechos para todas las formas de amor. Fue una victoria no solo para Ana y María, sino para todos aquellos que habían soñado con un mundo donde el amor fuera verdaderamente libre.

Pero su lucha no terminó ahí. Sabían que la verdadera igualdad no solo residía en las leyes, sino en los corazones y mentes de las personas. Continuaron educando, sensibilizando y defendiendo la causa del amor libre, sabiendo que la verdadera revolución solo podía ocurrir cuando cada individuo abrazara la diversidad y la inclusión. Y así, con esperanza en sus corazones y una determinación inquebrantable, Ana, María y sus compañeros de lucha siguieron adelante, construyendo un futuro donde el amor triunfaría sobre todas las barreras. Porque sabían que, mientras hubiera personas dispuestas a luchar por la libertad de amar, nunca estarían solos en su camino hacia un mundo más justo y compasivo.

A medida que el movimiento por la libertad de amar continuaba su marcha hacia la igualdad, Ana y María se encontraron enfrentando nuevos desafíos y oportunidades. Se dieron cuenta de que su lucha no solo se trataba de cambiar leyes, sino también de cambiar corazones y mentes, de desafiar las actitudes arraigadas y de promover una cultura de aceptación y respeto. Decidieron llevar su mensaje más allá de las fronteras de su país, colaborando con organizaciones internacionales que abogaban por los

El color de nuestro amor

Autora: Amanda Negrete Lares

derechos humanos y la igualdad. Viajaron por el mundo, compartiendo su historia y aprendiendo de las experiencias de otros que también luchaban por la libertad de amar en diferentes contextos culturales y sociales. En cada nuevo lugar que visitaban, encontraban aliados y amigos dispuestos a unirse a su causa. Juntos, trabajaban para derribar las barreras del prejuicio y la discriminación, construyendo puentes de entendimiento y solidaridad entre comunidades diversas. Pero incluso mientras se expandían globalmente, nunca perdieron de vista las luchas locales. Reconocieron la importancia de apoyar a aquellos que estaban en la primera línea de la batalla por la igualdad, ya sea en su propio país o en cualquier otro lugar del mundo.

Con el tiempo, su movimiento se convirtió en un poderoso símbolo de esperanza y resistencia para millones de personas en todo el mundo. Su historia inspiró a generaciones futuras a levantarse y luchar por un mundo donde el amor fuera verdaderamente libre, sin importar quiénes fueran o a quién amaran. Y aunque su camino estuvo lleno de desafíos y sacrificios, Ana y María nunca lamentaron haberse embarcado en esta lucha. Porque sabían que, al final del día, lo que importaba no era solo la victoria, sino el impacto que habían tenido en las vidas de aquellos que habían sido tocados por su mensaje de amor y libertad. Y mientras hubiera personas dispuestas a soñar y luchar por un mundo mejor, su legado perduraría para siempre.

El movimiento por la libertad de amar ganaba impulso en todo el mundo, Ana y María se encontraron liderando desde el frente, pero también aprendiendo y creciendo con cada paso del camino. Se dieron cuenta de que la verdadera transformación requería más que solo cambios externos; necesitaba una revolución de conciencia, una reevaluación profunda de las creencias arraigadas y una apertura a la diversidad en todas sus formas. Decidieron centrarse en la educación y el diálogo como herramientas fundamentales para este cambio cultural. Crearon programas educativos en escuelas y comunidades, donde se abordaban temas de diversidad sexual, identidad de género y aceptación del amor en todas sus expresiones. Trabajaron con educadores y líderes religiosos para fomentar el entendimiento y la inclusión desde una edad temprana, sembrando las semillas de un futuro más compasivo y tolerante.

Al mismo tiempo, continuaron presionando por cambios legislativos y políticos que protegieran los derechos de todas las personas, independientemente de su orientación sexual o identidad de género. Se involucraron en campañas electorales, apoyando a candidatos que abogaban por la igualdad y desafiando a aquellos que perpetuaban el odio y la discriminación. **Pero su mayor logro fue el impacto que tuvieron en la vida de las personas comunes y corrientes: aquellos que encontraron valor y esperanza en su mensaje, aquellos que se atrevieron a vivir auténticamente y a amar sin miedo ni vergüenza.** Cada carta de agradecimiento, cada abrazo de un extraño era un recordatorio poderoso del poder del amor para transformar vidas y comunidades enteras.

Y así, con cada paso adelante, Ana y María se encontraron más cerca de su visión de un mundo donde el amor fuera verdaderamente libre. Sabían que aún quedaba mucho por hacer, pero también se regocijaban en el progreso que habían logrado y en las vidas que habían tocado en el camino. Y mientras miraban hacia el futuro, se comprometieron a seguir adelante con valentía y determinación, sabiendo que, juntos, podían construir un mundo donde todos fueran libres de amar y ser amados, sin importar quiénes fueran o de dónde vinieran. Porque, en última instancia, sabían que el amor era la fuerza más poderosa de todas, capaz de superar cualquier obstáculo y trascender cualquier barrera.

Con cada día que pasaba, el movimiento por la libertad de amar seguía creciendo en alcance y en influencia. Ana y María se encontraron liderando no solo una lucha, sino una revolución silenciosa que estaba cambiando la mentalidad de las personas en todo el mundo. El enfoque en la educación y el diálogo dio frutos abundantes. Más y más comunidades abrazaron la diversidad y la inclusión, reconociendo que la verdadera fuerza de una sociedad radicaba en su capacidad para aceptar y celebrar las diferencias. A medida que se promulgaban nuevas leyes y políticas en favor de la igualdad, Ana y María se comprometieron a seguir vigilantes, asegurándose de que no se retrocediera en los avances logrados. Continuaron abogando por la plena igualdad de derechos, especialmente para aquellos que aún enfrentaban discriminación y persecución debido a su orientación sexual o identidad de género.

El impacto personal de su trabajo fue igualmente significativo. Cada persona que encontraba la fuerza para vivir auténticamente, cada familia que abrazaba a un ser querido sin importar su identidad era un recordatorio de que el amor y la aceptación podían superar incluso las barreras más insuperables. Y así, mientras el sol se ponía en un día más en la lucha por la libertad de amar, Ana y María encontraban consuelo y esperanza en el conocimiento de que estaban contribuyendo a un legado de amor y justicia que perduraría mucho después de que hubieran pasado. Porque su visión de un mundo donde todos pudieran amar libremente, sin miedo ni discriminación, no era solo un sueño, sino una promesa que estaban

El color de nuestro amor

Autora: Amanda Negrete Lares

decididos a hacer realidad, una acción valiente y constante hacia un futuro más brillante para todos.

Capítulo 7: El Color de Nuestro Amor

Ana y María se encontraban en un punto crucial de su vida. Después de años de lucha y sacrificio, finalmente habían logrado superar los obstáculos que se interponían en su camino y habían encontrado la libertad que tanto ansiaban. Ahora, estaban listas para dar el siguiente paso en su relación y celebrar su amor frente a la comunidad que tanto los había rechazado. Decidieron organizar una ceremonia de compromiso en el tranquilo jardín detrás de su casa, un lugar que había sido testigo de su amor y su lucha a lo largo de los años. Invitaron a sus amigos y familiares más cercanos, así como a otros miembros de la comunidad que habían apoyado su lucha por la igualdad y la justicia.

La ceremonia fue una celebración de amor y unidad, un testimonio del poder del amor para superar todas las barreras y prejuicios. Ana y María intercambiaron votos de compromiso, prometiéndose amor y apoyo mutuo en todas las cosas, y sellaron su unión con un beso apasionado que fue recibido con aplausos y lágrimas de alegría por parte de sus seres queridos. Después de la ceremonia, todos se reunieron para disfrutar de un banquete en el que se sirvieron platos tradicionales preparados por Ana y María con amor y cuidado. Hubo música y baile, risas y abrazos, y por un breve momento, el mundo pareció estar en armonía, unido por el poder del amor y la inclusión. Pero incluso en medio de la celebración, Ana y María sabían que su lucha aún no había terminado. Aunque habían logrado encontrar la felicidad juntas, sabían que muchas otras personas en su comunidad seguían siendo marginadas y discriminadas por su orientación sexual o identidad de género. Decidieron continuar su activismo, trabajando para promover la igualdad y la justicia para todos.

A medida que la noche llegaba a su fin y los invitados se despedían, Ana y María se tomaron un momento para reflexionar sobre el viaje que habían emprendido juntas. A pesar de todos los desafíos y obstáculos que habían enfrentado, habían encontrado el verdadero significado del amor: la capacidad de amar y ser amado sin importar quién eres o de dónde vienes. La ceremonia de compromiso de Ana y María fue mucho más que una simple celebración; fue un testimonio del poder del amor para superar todas las barreras y prejuicios. Después de intercambiar sus votos de compromiso y sellar su unión con un apasionado beso, los invitados se reunieron para disfrutar de un banquete preparado con amor y cuidado por Ana y María.

El jardín detrás de su casa se llenó de risas, música y alegría, mientras amigos y familiares compartían historias y recuerdos de los años que Ana y María habían pasado juntas. Había lágrimas de felicidad y abrazos cálidos, mientras todos celebraban el amor y la unión de esta pareja única y valiente. Pero incluso en medio de la celebración, Ana y María no pudieron evitar sentir una sombra de tristeza por aquellos que no podían estar allí para compartir su felicidad. Pensaron en aquellos que habían sido marginados y discriminados por su amor, y se comprometieron una vez más a seguir luchando por la igualdad y la justicia para todos.

A medida que la noche llegaba a su fin y los invitados se despedían, Ana y María se tomaron un momento para estar solas y reflexionar sobre el día que habían vivido. Se abrazaron con ternura, agradecidas por el amor y el apoyo que habían encontrado el uno en el otro, y se prometieron seguir adelante juntas, enfrentando cualquier desafío que el futuro pudiera traer.

El color de nuestro amor   **Autora:** Amanda Negrete Lares

Capítulo 8: El Camino hacia la Felicidad

Epílogo: Celebrando la Diversidad

El amor entre Ana y María se convirtió en el faro que iluminó su camino hacia la felicidad y la realización personal. En un mundo que alguna vez fue sombrío y hostil hacia su amor, ahora encontraban un oasis de aceptación y celebración de la diversidad. Ambas mujeres se embarcaron en una travesía juntas, enfrentando los desafíos con valentía y determinación. El apoyo mutuo se convirtió en su ancla mientras navegaban por las aguas turbulentas de la vida. Con cada obstáculo superado, su vínculo se fortalecía, y su amor florecía aún más.

A medida que construían su vida juntas, encontraron inspiración en aquellos que habían luchado antes que ellas por la igualdad y el reconocimiento. Se convirtieron en defensoras de los derechos LGBTQ+, abriendo camino para las generaciones futuras y promoviendo la inclusión en todos los aspectos de la sociedad. En su camino hacia la felicidad, Ana y María descubrieron la importancia de la autenticidad y la verdad. Se negaron a ocultar su amor o a reprimir su identidad por miedo al juicio de los demás. En su lugar, abrazaron su amor con orgullo y confianza, demostrando que el verdadero amor no conoce barreras ni prejuicios.

Con el tiempo, su amor se convirtió en un faro de esperanza para otros que luchaban por aceptarse a sí mismos y por encontrar el valor para vivir auténticamente. Su historia se convirtió en un recordatorio de que la felicidad está al alcance de aquellos que se atreven a seguir su corazón, sin importar las adversidades que puedan enfrentar en el camino. En el horizonte, Ana y María vislumbraban un futuro lleno de promesas y posibilidades, donde su amor brillaba con la intensidad de mil soles. Con cada paso que daban juntas, se acercaban más a la realización de sus sueños y a la plenitud de su amor. En última instancia, su viaje hacia la felicidad demostró que el amor verdadero es capaz de superar cualquier obstáculo y trascender cualquier barrera. Y así, con manos entrelazadas y corazones rebosantes de amor, Ana y María continuaron su camino hacia un futuro lleno de amor, aceptación y felicidad.

Con cada amanecer, Ana y María se levantaban con renovada determinación, conscientes del impacto que su amor tenía en el mundo que los rodeaba. No solo se limitaban a disfrutar de su propia felicidad, sino que también se comprometían a extender una mano amiga a aquellos que aún luchaban en la sombra de la discriminación y el rechazo.

El color de nuestro amor

Autora: Amanda Negrete Lares

Decidieron abrir un espacio seguro en su comunidad, un refugio donde aquellos que se sentían solos o incomprendidos pudieran encontrar consuelo y apoyo. Organizaron talleres y charlas sobre diversidad e inclusión, trabajando incansablemente para fomentar un ambiente de respeto y aceptación mutua.

Su labor no pasó desapercibida, y pronto se unieron a ellos otras personas comprometidas con la causa de la igualdad. Juntos, formaron una red de activistas y aliados, decididos a cambiar el mundo paso a paso, corazón a corazón.

A medida que su influencia crecía, Ana y María se encontraron participando en eventos y conferencias internacionales, compartiendo su historia de amor y resistencia con audiencias de todo el mundo. Se convirtieron en voces influyentes en la lucha por los derechos LGBTQ+, inspirando a otros a levantarse y alzar la voz por lo que creían.

Pero incluso en los momentos más desafiantes, cuando la fatiga y el desaliento amenazaban con desgastar su espíritu, Ana y María encontraban fuerza en el amor que compartían. Recordaban los momentos difíciles que habían superado juntas, y se aferraban a la certeza de que, mientras estuvieran unidas, no había nada que no pudieran enfrentar.

Y así, mientras el mundo seguía girando y la lucha por la igualdad continuaba, Ana y María permanecieron firmes en su compromiso el uno con el otro y con la causa que habían abrazado. Porque sabían, con toda certeza, que mientras su amor brillara, siempre habría esperanza para un mundo más justo y compasivo.

A medida que el tiempo pasaba, Ana y María vieron cómo el fruto de su trabajo comenzaba a dar resultados tangibles. Las leyes cambiaron, los corazones se abrieron y la sociedad empezó a reflejar un mayor grado de aceptación y respeto hacia la diversidad.

Sin embargo, sabían que aún quedaba mucho por hacer. A pesar de los avances, la discriminación y el odio persistían en muchos rincones del mundo. Por eso, redoblaron sus esfuerzos y se comprometieron aún más con la causa que habían abrazado.

Junto con otros activistas, abogaron por políticas inclusivas en el ámbito educativo y laboral. Trabajaron para derribar barreras y crear oportunidades para aquellos que habían sido marginados debido a su orientación sexual o identidad de género.

Pero su labor no se limitaba solo a lo público. En su vida diaria, seguían siendo un ejemplo vivo de lo que significaba amar sin condiciones y vivir auténticamente. No solo inspiraban a través de sus palabras, sino también a través de sus acciones, demostrando que el amor verdadero trasciende todas las diferencias.

Con el paso de los años, el legado de Ana y María se convirtió en una luz guía para las generaciones futuras. Su historia se enseñaba en las escuelas, se contaba en los medios de comunicación y se celebraba en todo el mundo como un símbolo de esperanza y cambio.

Y aunque su viaje hacia la felicidad había tenido altibajos, con momentos de triunfo y momentos de desafío, nunca se arrepintieron de haber elegido el camino del amor y la autenticidad. Porque sabían que, al final del día, lo único que realmente importaba era haber vivido una vida verdadera, fiel a uno mismo y a los valores en los que creían.

Y así, con el paso de los años, Ana y María continuaron su camino, juntas y sin miedo, hacia un futuro lleno de posibilidades y promesas. Porque sabían que, mientras tuvieran el uno al otro, siempre habría un motivo para creer en un mundo mejor y más inclusivo para todos.

Con el tiempo, la historia de Ana y María se convirtió en un símbolo de amor, valentía y perseverancia. Sus nombres resonaban en los corazones de aquellos que habían sido tocados por su ejemplo, y su legado perduraría mucho más allá de sus propias vidas.

En sus años dorados, Ana y María encontraron paz y satisfacción en el conocimiento de que habían contribuido, de alguna manera, a hacer del mundo un lugar más amable y compasivo. Se retiraron juntas, no en el sentido de alejarse de la lucha, sino de encontrar un nuevo camino para seguir adelante.

Decidieron dedicar sus días a cultivar su amor y a compartir su sabiduría con las generaciones venideras. Crearon una fundación en su nombre, destinada a apoyar a jóvenes LGBTQ+ en situación de vulnerabilidad y a promover la educación y la sensibilización en todo el mundo.

El color de nuestro amor

Autora: Amanda Negrete Lares

A medida que envejecían juntas, su amor se profundizaba aún más, como un vino añejo que solo mejoraba con el tiempo. Se convirtieron en un faro de esperanza y consuelo para aquellos que aún luchaban por aceptarse a sí mismos y encontrar su lugar en el mundo.

Y cuando llegó el momento de despedirse de este mundo, lo hicieron con la certeza de que su amor trascendería incluso la barrera de la muerte. Porque el amor verdadero nunca muere; vive en los corazones de aquellos que lo comparten y en las huellas que deja en el mundo.

Y así, mientras el sol se ponía en el horizonte y las estrellas comenzaban a brillar en el cielo nocturno, Ana y María se abrazaron una vez más, sabiendo que su amor perduraría por toda la eternidad. Y en ese último momento juntas, encontraron la paz y la plenitud que habían buscado durante toda su vida juntas.

Capítulo 9: Más Allá de los Prejuicios

Ana y María, dos mujeres valientes y talentosas, eran mucho más que solo su amor. A lo largo de sus vidas, habían demostrado una y otra vez su habilidad para superar los obstáculos y triunfar sobre la adversidad. Sin embargo, a menudo se encontraban enfrentando prejuicios y estereotipos que limitaban su capacidad para brillar en todo su esplendor.

Ana era una talentosa artista, capaz de expresar sus emociones más profundas a través de sus obras de arte. Sus pinturas eran un reflejo de su alma, llenas de color y emoción, pero a menudo eran pasadas por alto en favor de artistas masculinos más reconocidos. Por otro lado, María destacaba en el campo de la ciencia, haciendo importantes contribuciones a su comunidad a través de su trabajo como investigadora. Sin embargo, a pesar de sus logros académicos, a menudo se enfrentaba a la incredulidad y el escepticismo de sus colegas debido a su género y orientación sexual.

A pesar de los obstáculos, Ana y María se negaron a dejarse definir por los prejuicios de los demás. Se levantaron con determinación, desafiando las expectativas y demostrando una y otra vez su valía y su valentía. Con cada desafío que enfrentaban, se fortalecían, convirtiéndose en ejemplos vivientes de la capacidad del ser humano para superar la adversidad y triunfar sobre la injusticia. Su camino hacia la aceptación y la igualdad estaba lleno de desafíos, pero nunca perdieron de vista su objetivo. Cada mirada de desaprobación, cada comentario despectivo, solo fortalecía su determinación de seguir adelante y cambiar las mentes y corazones de aquellos atrapados en la oscuridad del prejuicio. A medida que su historia se difundía, encontraron apoyo en lugares inesperados y aliados en aquellos que habían sido tocados por su valentía. Familias enteras, amigos de toda la vida y extraños se unieron a su causa, reconociendo que la verdadera fuerza radicaba en la unidad y la solidaridad. No importaba cuán alto fuera el muro que enfrentaban, Ana y María siempre encontraban una manera de superarlo. Con ingenio y resiliencia, desafiaron las normas establecidas y crearon espacios seguros donde todos pudieran sentirse libres de ser ellos mismos, sin temor al rechazo o la discriminación.

A lo largo de su viaje, aprendieron lecciones profundas sobre el poder del perdón y la compasión. Aunque enfrentaron injusticias y heridas profundas, se negaron a dejar que el odio y la amargura se apoderaran de sus corazones. En su lugar, eligieron el camino del amor y la empatía, extendiendo la mano a aquellos que una vez los habían lastimado y

El color de nuestro amor

Autora: Amanda Negrete Lares

encontrando sanación en la conexión humana. Y así, contra viento y marea, Ana y María continuaron avanzando, llevando consigo la antorcha de la esperanza y la promesa de un futuro más luminoso para todos. Su historia se convirtió en un faro de inspiración para aquellos que luchaban contra la opresión y la injusticia en todas partes, recordándoles que, incluso en los momentos más oscuros, el amor y la verdad siempre prevalecerían.

Con cada paso adelante, Ana y María se encontraban más cerca de su objetivo de crear un mundo donde el amor y la igualdad reinasen sin restricciones ni prejuicios. Se convirtieron en símbolos vivientes de resistencia, atrayendo a más personas a su causa con su valentía y determinación inquebrantables. A medida que su movimiento crecía, también lo hacía el alcance de su impacto. Sus voces resonaban en todo el mundo, inspirando a otros a levantarse y desafiar las injusticias que enfrentaban en sus propias vidas. Desde rincones remotos hasta los centros urbanos más grandes, la lucha de Ana y María por la igualdad se convertía en un movimiento global, uniendo a personas de todas las razas, géneros y orientaciones sexuales en una causa común. Sin embargo, el camino hacia la aceptación y la igualdad estaba lejos de ser fácil. Enfrentaron ataques de aquellos que se aferraban a las viejas creencias y estructuras de poder, y enfrentaron momentos de duda y desaliento. Pero cada obstáculo solo los fortaleció, recordándoles por qué habían comenzado este viaje en primer lugar y renovando su compromiso de continuar hasta el final. Con el tiempo, sus esfuerzos comenzaron a dar frutos tangibles. Las leyes fueron cambiando, las actitudes evolucionando y las comunidades transformándose. El amor y la aceptación se convirtieron en los nuevos estándares, y aquellos que una vez los habían rechazado ahora los celebraban como héroes de una nueva era de igualdad y diversidad.

Pero Ana y María sabían que su trabajo aún no había terminado. Aunque habían logrado mucho, reconocían que la lucha por la igualdad era un viaje continuo, uno que requeriría el compromiso de las generaciones futuras para asegurar que los avances logrados no se perdieran. Y así, con la determinación renovada y el espíritu inquebrantable, Ana y María continuaron adelante, guiando el camino hacia un futuro donde el amor no conocía límites y donde todos podían vivir auténticamente como ellos mismos. Porque sabían que, juntos, eran más fuertes que cualquier obstáculo y que, con amor y perseverancia, podían cambiar el mundo para mejor.

A medida que el movimiento por la igualdad crecía, Ana y María se encontraban liderando una nueva era de cambio. Se convirtieron en figuras emblemáticas de la lucha por los derechos humanos, no solo en su país, sino

El color de nuestro amor

Autora: Amanda Negrete Lares

en todo el mundo. Sus historias inspiraron a millones de personas a levantarse y alzar la voz contra la injusticia, y su ejemplo demostró que el amor y la valentía podían derribar incluso las barreras más insuperables. Con el tiempo, su trabajo dio lugar a cambios transformadores en la sociedad. Se promulgaron nuevas leyes para proteger los derechos de todas las personas, se implementaron políticas inclusivas en instituciones gubernamentales y se establecieron programas educativos para fomentar la aceptación y el respeto mutuo. Pero más allá de las victorias legislativas y políticas, Ana y María también dejaron un legado de conexión humana y compasión. Se comprometieron a construir puentes entre comunidades diversas, promoviendo el diálogo abierto y la empatía como herramientas para superar las diferencias y construir un mundo más unido. A medida que pasaban los años, su impacto solo crecía, trascendiendo fronteras y generaciones. Las nuevas generaciones encontraban inspiración en su historia, comprometiéndose a continuar su trabajo y llevar adelante su visión de un mundo donde el amor y la igualdad reinasen supremos.

Y así, aunque su viaje había sido largo y lleno de desafíos, Ana y María nunca perdieron la esperanza ni la determinación. Sabían que, mientras hubiera personas dispuestas a luchar por la justicia y la igualdad, su legado viviría para siempre en los corazones y las acciones de aquellos que siguieran su ejemplo. Y mientras contemplaban el horizonte del futuro, lo hicieron con gratitud por el pasado, optimismo por el presente y una profunda convicción en el poder del amor para cambiar el mundo. Porque, al final del día, sabían que el amor era la fuerza más poderosa de todas, capaz de trascender todas las barreras y unir a la humanidad en un solo abrazo de compasión y aceptación.

En los años siguientes, Ana y María continuaron trabajando incansablemente por la causa que habían abrazado con tanta pasión. Su compromiso con la igualdad y la justicia social se convirtió en un faro de esperanza para aquellos que aún luchaban contra la discriminación y el odio. Establecieron organizaciones dedicadas a promover la inclusión y la diversidad en todas las áreas de la sociedad, desde la educación hasta el empleo y la política. Viajaron por el mundo, compartiendo sus experiencias y ofreciendo apoyo a comunidades marginadas y oprimidas en todas partes. A medida que envejecían, su legado solo se volvía más poderoso. Las nuevas generaciones se inspiraban en su ejemplo, comprometiéndose a continuar la lucha por la igualdad con el mismo coraje y determinación que Ana y María habían demostrado. Y aunque el mundo seguía enfrentando desafíos y adversidades, Ana y María nunca perdieron la fe en la capacidad de la humanidad para superar la intolerancia y el odio. Creían en un futuro donde el amor y la compasión triunfarían sobre todas las formas de discriminación, y trabajaron incansablemente para hacer realidad ese sueño.

Al final, su legado perduró mucho más allá de sus propias vidas. Se convirtieron en leyendas, recordadas no solo por lo que lograron, sino por quiénes fueron como personas: valientes, compasivas y dedicadas a un ideal de justicia que trascendía las limitaciones del tiempo y el espacio. Y así, mientras el mundo seguía girando, Ana y María permanecían como faros de esperanza en un mar de incertidumbre, recordándonos a todos que, aunque el camino hacia la igualdad podía ser difícil, valía la pena luchar por un mundo donde todos fueran tratados con dignidad y respeto. A medida que el tiempo pasaba, el legado de Ana y María se profundizaba y se extendía por generaciones. Sus nombres se inscribían en los libros de historia como pioneras de la igualdad y la justicia, recordadas no solo por lo que lograron, sino por quiénes fueron como seres humanos.

Las organizaciones que fundaron continuaron su trabajo, llevando adelante su visión de un mundo más inclusivo y compasivo. Sus enseñanzas inspiraron a líderes y activistas de todo el mundo a seguir luchando por la igualdad, recordándoles que el cambio era posible cuando se unían en solidaridad y determinación. Con el paso de los años, Ana y María se convirtieron en símbolos de esperanza y unidad, recordándonos a todos la importancia de seguir adelante incluso cuando los desafíos parecían insuperables. Su historia nos enseñó que el amor y la valentía podían vencer incluso las fuerzas más oscuras del odio y la intolerancia. Y así, mientras el mundo continuaba su marcha hacia el futuro, Ana y María permanecían como guardianas de un legado de amor y justicia, recordándonos que, aunque su tiempo en este mundo hubiera llegado a su fin, su espíritu viviría para siempre en los corazones de aquellos que continuaban luchando por un mundo mejor.

El legado de Ana y María inspiró a millones de personas en todo el mundo a seguir luchando por la igualdad y la justicia. Sus nombres se convirtieron en sinónimos de valentía y determinación, y su historia se contó una y otra vez como un recordatorio del poder del amor para transformar el mundo.

Las generaciones futuras encontraron inspiración en su ejemplo, comprometiéndose a continuar la lucha por la igualdad con la misma pasión y dedicación que Ana y María habían demostrado. Se levantaron nuevas voces, nuevas organizaciones y nuevos movimientos, todos unidos en su objetivo de construir un mundo más inclusivo y compasivo para todos.

El color de nuestro amor   **Autora:** Amanda Negrete Lares

A medida que el tiempo pasaba, el nombre de Ana y María se convertía en un símbolo de esperanza y progreso. Se erigieron monumentos en su honor, se celebraron días conmemorativos en todo el mundo y se escribieron libros y películas sobre su vida y su legado. Pero más allá de los honores y el reconocimiento público, el verdadero legado de Ana y María perduró en el impacto que tuvieron en las vidas de las personas comunes y corrientes. Aquellos que encontraron fuerza y coraje en su historia, aquellos que se atrevieron a levantarse y alzar la voz contra la injusticia, todos ellos llevaron consigo el espíritu de Ana y María en sus corazones mientras continuaban la lucha por un mundo mejor. Y así, mientras el mundo seguía su camino hacia un futuro incierto, Ana y María permanecieron como un faro de esperanza, recordándonos que, aunque el camino hacia la igualdad podía ser difícil y lleno de desafíos, valía la pena luchar por un mundo donde todos pudieran vivir libres y ser amados por quienes son.

Capítulo 10: Sembrando Semillas de Cambio

A medida que Ana y María continuaban su viaje hacia la plenitud y la aceptación, se encontraron inspiradas a hacer una diferencia tangible en el mundo que las rodeaba. Decidieron dedicar sus esfuerzos a sembrar semillas de cambio, trabajando para crear un futuro más inclusivo y compasivo para las generaciones venideras.

Comenzaron colaborando con organizaciones locales que abogaban por los derechos LGBTQ+ y la igualdad de género, utilizando su voz y su influencia para impulsar iniciativas de cambio social. Organizaron eventos de concientización, campañas de sensibilización y programas educativos diseñados para promover la aceptación y la diversidad en todas sus formas.

Una de sus mayores pasiones era trabajar con jóvenes LGBTQ+, brindándoles un espacio seguro donde pudieran expresarse libremente y recibir el apoyo y la orientación que tanto necesitaban. Crearon programas de mentoría y grupos de apoyo para jóvenes que enfrentaban la discriminación y el rechazo, brindándoles las herramientas y el empoderamiento necesarios para enfrentar el mundo con valentía y determinación.

Además de su trabajo con la juventud, Ana y María se comprometieron a defender los derechos de las personas LGBTQ+ en todos los ámbitos de la sociedad. Abogaron por leyes y políticas inclusivas, trabajando en estrecha colaboración con legisladores y líderes comunitarios para promover el cambio y combatir la discriminación en todas sus formas.

Pero su labor no se limitaba solo al ámbito público. En su vida diaria, buscaban oportunidades para promover la inclusión y el respeto mutuo, ya fuera a través de pequeños actos de bondad o conversaciones significativas con amigos y familiares. Creían firmemente que el cambio comenzaba en el corazón de cada individuo, y estaban decididas a ser agentes de ese cambio en su propia comunidad.

A medida que el tiempo pasaba, las semillas que Ana y María habían sembrado comenzaron a dar frutos. Vieron cómo la sociedad evolucionaba lentamente hacia una mayor aceptación y comprensión de la diversidad, y se llenaron de esperanza al imaginar un futuro donde todas las personas fueran valoradas y respetadas por igual.

En este capítulo, exploramos el compromiso de Ana y María de hacer del mundo un lugar mejor para las generaciones futuras, utilizando su amor y su dedicación como fuerzas impulsoras para el cambio. Su historia nos recuerda que cada uno de nosotros tiene el poder de marcar la diferencia, y que juntos podemos construir un mundo más justo, inclusivo y amoroso para todos.

A medida que Ana y María observaban con gratitud cómo su labor comenzaba a dar frutos, su compromiso con la creación de un mundo más inclusivo y amoroso solo se fortalecía con el tiempo. Se dieron cuenta de que estaban en un punto crucial de su viaje, donde debían continuar avanzando con determinación y perseverancia.

Decidieron expandir su alcance y trabajar en colaboración con organizaciones internacionales que compartían su visión de un mundo más justo y compasivo. Viajaron a diferentes partes del mundo, compartiendo su historia y aprendiendo de las experiencias de otros activistas y defensores de los derechos humanos.

En cada nuevo lugar al que llegaban, encontraban aliados dispuestos a unirse a su causa y a trabajar juntos para hacer realidad su visión de un mundo donde todas las personas fueran valoradas y respetadas por igual. Juntos, organizaron marchas, campañas de sensibilización y proyectos de ayuda humanitaria destinados a apoyar a las comunidades marginadas y vulnerables.

A medida que se sumergían más profundamente en su trabajo, Ana y María descubrían una nueva pasión por el activismo y la defensa de los derechos humanos. Se comprometieron a utilizar su plataforma para dar voz a aquellos que no tenían voz, y a luchar por la justicia y la igualdad en todas sus formas.

Pero incluso en medio de su activismo incansable, nunca perdieron de vista lo que más importaba: su amor mutuo y el impacto positivo que podían tener juntas en el mundo. En los momentos de cansancio y desaliento, encontraban consuelo y fortaleza en el amor y el apoyo del otro, recordándose mutuamente por qué habían comenzado este viaje en primer lugar.

Y así, mientras continuaban su trabajo en la vanguardia del cambio social, Ana y María nunca dejaron de creer en el poder transformador del amor y la dedicación. Su historia se convirtió en un faro de esperanza para todos aquellos que anhelaban un mundo mejor, recordándoles que, con amor y solidaridad, podían construir un futuro más justo, inclusivo y amoroso para todos.

Con cada paso adelante en su misión de promover la igualdad y la aceptación, Ana y María se encontraban inspirando a otros a unirse a su causa. La semilla de cambio que habían plantado no solo crecía dentro de ellos, sino que también se extendía a todos aquellos que compartían su visión de un mundo más justo y compasivo.

Juntos, formaron una red de activistas y aliados que trabajaban en comunión para derribar barreras y construir puentes entre las comunidades. Desde líderes políticos hasta artistas y personas comunes y corrientes, todos se unían en un frente común para promover la igualdad y la inclusión.

Pero su trabajo no estaba exento de desafíos. A medida que enfrentaban la resistencia de aquellos que se aferraban a las viejas estructuras de poder y discriminación, Ana y María se encontraban enfrentando obstáculos cada vez mayores en su camino. Sin embargo, en lugar de desanimarse, encontraban en estos desafíos una razón más para perseverar y redoblar sus esfuerzos.

Decidieron enfocarse en el cambio a nivel local, trabajando directamente con las comunidades para abordar las injusticias y desigualdades que enfrentaban en su vida cotidiana. Organizaron talleres educativos, programas de capacitación laboral y servicios de apoyo para aquellos que más lo necesitaban, brindando esperanza y oportunidades donde antes solo había desesperanza y desigualdad.

A medida que el tiempo pasaba, Ana y María se dieron cuenta de que su viaje hacia un mundo mejor no tenía fin. Siempre habría desafíos que enfrentar, injusticias que combatir y barreras que derribar. Pero con amor y dedicación, sabían que podían superar cualquier obstáculo que se interpusiera en su camino.

Y así, mientras continuaban su lucha por un mundo más justo y compasivo, Ana y María encontraron consuelo en el conocimiento de que estaban haciendo una diferencia real en la vida de aquellos que los rodeaban. Su historia se convirtió en un testimonio del poder transformador del amor y la dedicación, inspirando a otros a unirse a ellos en su búsqueda de un mundo donde todas las personas fueran valoradas y respetadas por igual.

El color de nuestro amor   **Autora:** Amanda Negrete Lares

Con cada amanecer, Ana y María renovaban su compromiso con la causa que habían abrazado con tanto fervor. A medida que el sol se ponía en el horizonte y el mundo se sumía en la oscuridad de la noche, encontraban consuelo en los brazos del otro, fortaleciéndose mutuamente para enfrentar los desafíos que el mañana traería.

Y aunque el camino hacia la igualdad era largo y lleno de obstáculos, Ana y María nunca perdieron la esperanza. Sabían que cada pequeño paso que daban hacia adelante, cada conversación difícil y cada acto de bondad, contribuían a construir un mundo más justo y compasivo para todos.

En el crepúsculo de sus vidas, miraban hacia atrás con gratitud por el viaje que habían emprendido juntas. Habían pasado por momentos de alegría y tristeza, de triunfo y derrota, pero en cada paso del camino habían encontrado amor y propósito en el otro.

Y mientras contemplaban el futuro, imaginaban un mundo donde el amor prevalecía sobre el odio, donde la igualdad era más que una aspiración, donde todas las personas podían vivir con dignidad y respeto.

Con el corazón lleno de esperanza y la mirada fija en el horizonte, Ana y María continuaron su viaje hacia un mañana más brillante, donde el amor y la compasión reinaban supremos y todas las personas eran libres de ser ellas mismas, sin miedo ni juicio.

Y así, con manos entrelazadas y corazones rebosantes de amor, Ana y María caminaron hacia el futuro, sabiendo que, juntas, podían cambiar el mundo y hacer que los sueños de igualdad y aceptación se hicieran realidad para las generaciones venideras.

Conclusión

"El Color de Nuestro Amor" nos ha llevado en un viaje emocionante y conmovedor a través de las vidas de Ana y María, dos mujeres valientes que desafían las normas de una sociedad llena de prejuicios y discriminación. A lo largo de esta cautivadora historia, hemos sido testigos de su lucha por el derecho a amar libremente, enfrentando obstáculos y desafíos con coraje y determinación.

En cada página de este libro, hemos encontrado momentos de alegría, amor y celebración, así como momentos de tristeza, dolor y adversidad. A través de las experiencias de Ana y María, hemos reflexionado sobre temas importantes como la aceptación, la igualdad y el respeto por la diversidad, y hemos sido inspirados por su valentía y su compromiso con sus convicciones. Al llegar al final de esta historia, nos queda claro que el amor no conoce límites ni barreras. Es un sentimiento poderoso que puede superar cualquier obstáculo y unir a las personas en una conexión profunda y significativa. "El Color de Nuestro Amor" nos recuerda la importancia de luchar por un mundo donde todos puedan amar y ser amados sin miedo ni discriminación.

En última instancia, esta obra literaria es un llamado a la acción, invitándonos a reflexionar sobre nuestras propias actitudes hacia el amor y la diversidad, y a comprometernos a construir un mundo más inclusivo y compasivo para todos.

Que la historia de Ana y María nos inspire a seguir luchando por un futuro donde el amor triunfe sobre el odio y la igualdad prevalezca sobre la discriminación.

Gracias por acompañarnos en este viaje y por abrir sus corazones a la belleza y la importancia del amor en todas sus formas y colores.

En un mundo donde el amor y la igualdad son más que simples ideales, sino imperativos morales, es esencial que continuemos avanzando juntos. Cada uno de nosotros tiene el poder de marcar la diferencia, ya sea desafiando el statu quo, apoyando a aquellos que son marginados o abogando por cambios significativos en nuestras comunidades y en el mundo en general.

El color de nuestro amor **Autora:** Amanda Negrete Lares

Recordemos siempre la valentía y la determinación de Ana y María, y usemos su ejemplo como un faro de esperanza en nuestro propio viaje hacia un futuro más justo y compasivo para todos.

¡Sigamos adelante con amor, respeto y solidaridad, sabiendo que juntos podemos construir un mundo mejor para las generaciones venideras!

El color de nuestro amor   **Autora:** Amanda Negrete Lares

Capsulitas de amor

En esta sección especial, te invito a reflexionar sobre valores fundamentales que nos unen como seres humanos. Son pequeñas cápsulas de sabiduría que espero te inspiren a vivir con compasión, respeto y amor hacia todos, independientemente de nuestras diferencias.

1. **La belleza de la diversidad:** Nuestra diversidad es lo que nos hace únicos y hermosos. Celebra las diferencias y reconoce la riqueza que aportan a nuestras vidas.
2. **El poder del respeto mutuo:** Trata a los demás con el mismo respeto y dignidad que deseas para ti mismo. En la diversidad encontramos nuestra fuerza colectiva.
3. **La importancia de la empatía:** Ponte en el lugar del otro y trata de comprender sus experiencias y perspectivas. La empatía nos conecta a nivel humano más allá de nuestras diferencias superficiales.
4. **El compromiso con la justicia social:** Lucha por la igualdad y la justicia para todos. Levántate contra la discriminación y el prejuicio en todas sus formas.
5. **El amor como fuerza transformadora:** El amor es el puente que une corazones y supera barreras. Practica el amor incondicional hacia todos los seres humanos, sin importar su raza, nacionalidad, color ni preferencia.

Que estas "Capsulitas de Amor" inspiren en ti un compromiso renovado con la inclusión, la igualdad y el respeto hacia todos los seres humanos.

6. **La fuerza de la inclusión:** Abracemos la diversidad en todas sus formas. En la inclusión encontramos fortaleza, creatividad y un sentido más profundo de comunidad.
7. **El poder de la educación:** Educar sobre la diversidad y la igualdad es el primer paso hacia un mundo más justo y compasivo. Promovamos el aprendizaje y la comprensión mutua.
8. **La importancia del diálogo:** Abramos espacios de diálogo respetuoso donde podamos compartir nuestras experiencias y aprender unos de otros. El diálogo construye puentes y derriba muros.
9. **El compromiso con la dignidad humana:** Todos merecemos ser tratados con dignidad y respeto. Defendamos los derechos humanos y trabajemos juntos para crear un mundo donde cada persona pueda vivir con dignidad.

10. **El llamado a la acción:** Más allá de las palabras, tomemos medidas concretas para promover la igualdad y la inclusión en nuestras comunidades y en el mundo. Cada pequeño acto de bondad y justicia cuenta.

Que estas "Capsulitas de Amor" nos inspiren a ser agentes de cambio y a construir un mundo donde todos podamos vivir en paz, armonía y plenitud.